Как стать супергероем
Being a Superhero

Лиз Шамуилова
Иллюстратор: Мэри К. Бисуоз

www.kidkiddos.com

support@kidkiddos.com

First edition

Translated from English by Anna Guryeva
Перевод с английского Анны Гурьевой
Russian editing by Anastasia Bobylyova
Редакция русского текста Бобылевой Анастасии

Library and Archives Canada Cataloguing in Publication
Being a Superhero (Russian English Bilingual Edition)/ Liz Shmuilov
ISBN: 978-1-5259-4006-4 paperback
ISBN: 978-1-5259-4007-1 hardcover
ISBN: 978-1-5259-4005-7 eBook

Please note that the Russian and English versions of the story have been written to be as close as possible. However, in some cases they differ in order to accommodate nuances and fluidity of each language.

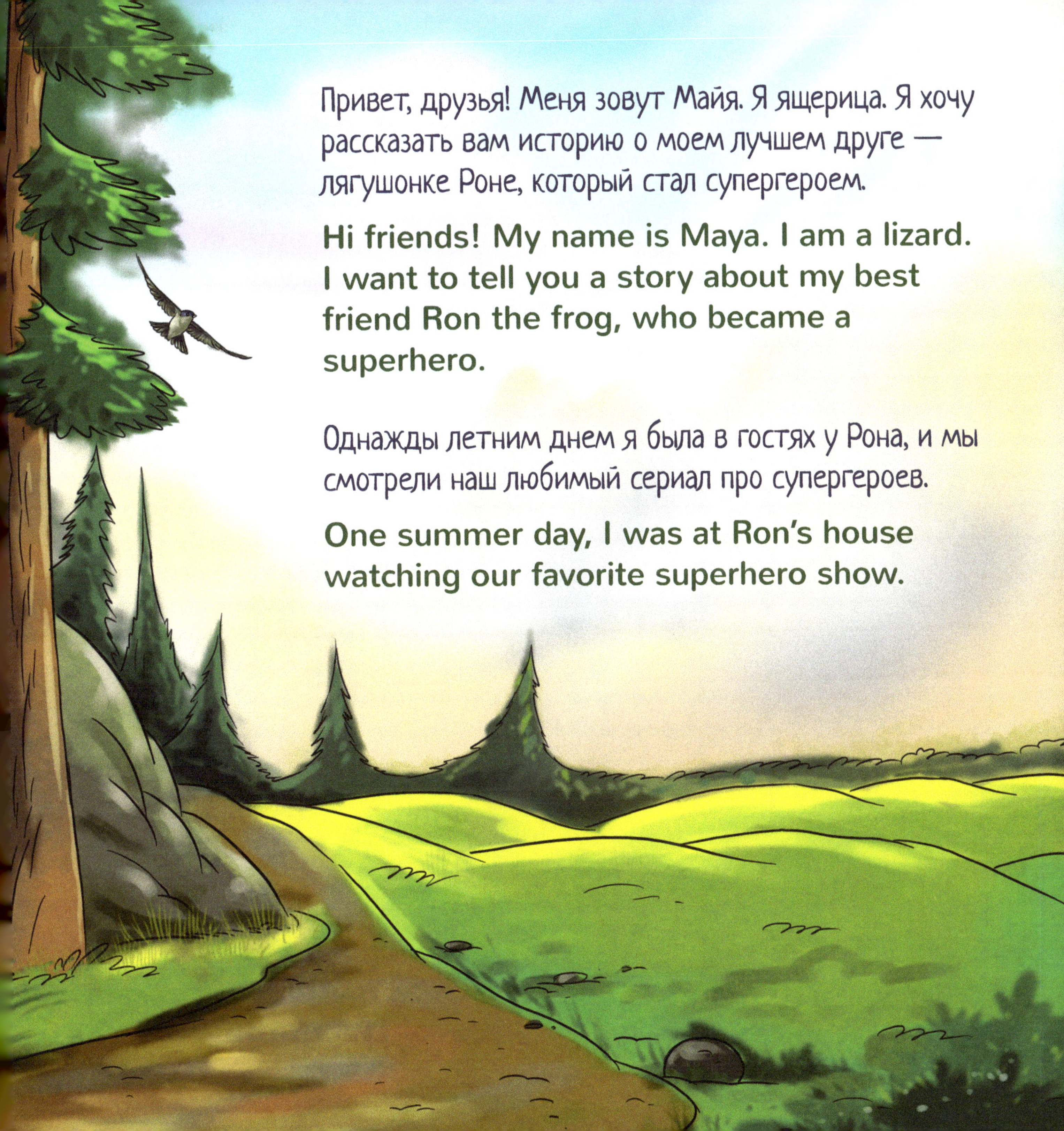

Привет, друзья! Меня зовут Майя. Я ящерица. Я хочу рассказать вам историю о моем лучшем друге — лягушонке Роне, который стал супергероем.

Hi friends! My name is Maya. I am a lizard. I want to tell you a story about my best friend Ron the frog, who became a superhero.

Однажды летним днем я была в гостях у Рона, и мы смотрели наш любимый сериал про супергероев.

One summer day, I was at Ron's house watching our favorite superhero show.

— Знаешь, — вдруг сказал Рон, — было бы здорово стать супергероем. Тогда мы могли бы помогать другим!

"You know," Ron said suddenly, "it would be cool to be a superhero. Then we would be able to help others!"

— Отличная идея! — ответила я. У меня сразу появился миллион мыслей. — Я могла бы стать твоим учителем и научить тебя всему, что должен знать супергерой!

"That's a great idea!" I replied, millions of thoughts racing through my mind. "I could be your coach and teach you all the things a superhero needs to know!"

Потом я добавила:
— Я видела много фильмов.
Я смогу тебя научить.
"I've watched a lot of movies.
I can teach you!" I added.

Когда Рон услышал это, в его глазах появилась надежда.

As he heard this, a look of hope appeared on Ron's face.

— Но каждому супергерою нужна суперсила, — тихо сказал он.

"But every superhero needs a superpower," he said quietly.

Я на мгновение задумалась.
— Твоей суперсилой может быть твой талант далеко прыгать! А ещё твои липкие лапки!

I thought for a moment. "Your superpower can be your talent in long jumps! Oh, and your sticky hands!"

— Да! — Рон запрыгал от радости.

"Yes!" Ron jumped with excitement.

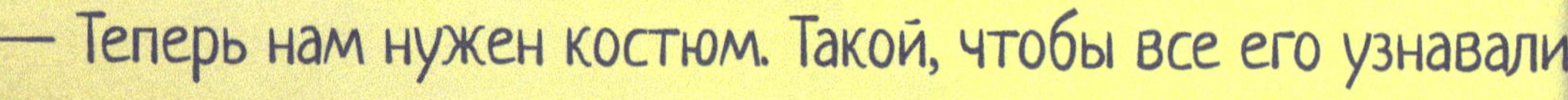

— Теперь нам нужен костюм. Такой, чтобы все его узнавали, — сказала я.

"Now we need a costume. Something everyone will recognize," I said.

Рон сбегал в свою комнату и принёс красную футболку. — Мы можем нарисовать на этой футболке большую звезду!

Ron ran to his room and brought out a red shirt. "We can color a big star on this shirt!"

— Отличная идея! — улыбнулась я. — А как насчёт плаща?

"Great idea!" I smiled. "How about a cape?"

— Мы можем взять моё любимое одеяло! — воскликнул Рон. Его глаза сверкали.

"We can use my favorite blanket!" exclaimed Ron. His eyes sparkled.

Мы сразу принялись за работу, нарисовали на футболке Рона звезду и раскрасили её.

We got straight to work, drawing and painting on Ron's shirt.

— Замечательно! Ты будешь выглядеть как настоящий супергерой! — сказала я, когда мы закончили.

"It looks amazing! You will look like a real superhero!" I said when we finished.

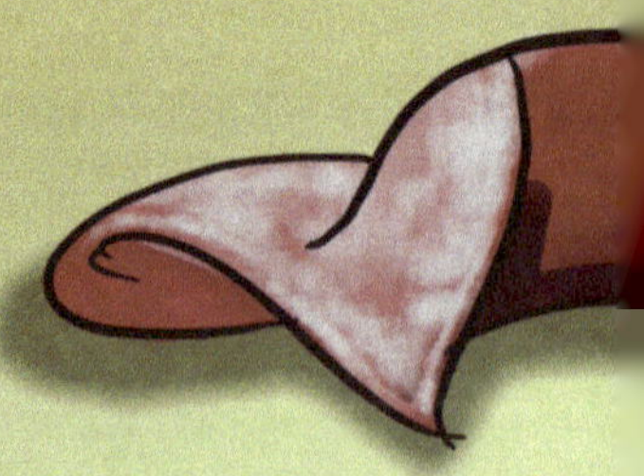

На следующее утро мы встретились в парке и начали тренироваться.

The next morning, we met at the park and started practicing.

— Сегодня я научу тебя нескольким важным вещам, которые должен знать каждый супергерой: трём правилам супергероя.

"Today, I will teach you a few important things every superhero needs to know: The Three Superhero Rules."

Мы сели на скамейку, и я объяснила Рону правила.

We sat down on the bench and I explained the rules to Ron.

— Правило номер один: никогда не сдавайся, какой бы сложной ни была ситуация.

"Rule number one: never give up, no matter how difficult the situation gets."

— Правило номер два: учись на своих ошибках, чтобы в следующий раз сделать лучше.

"Rule number two: learn from your mistakes, so that you can do better next time."

— Правило номер три: всегда помни, что ты можешь сделать всё что угодно!

"Rule number three: always remember that you can do anything!"

Мы поработали над тем, чтобы Рон запомнил эти правила, а потом пошли назад к моему дому.

We worked on memorizing the rules and then headed back to my house.

Когда мы пришли домой, мы встретили моего маленького братишку Дэнни. Он выглядел расстроенным.

When we got home, we met my little brother Danny. He looked upset.

— Я не могу найти мою любимую игрушку! — громко закричал он.

"I can't find my favorite toy!" he cried loudly.

Я взглянула на Рона и прошептала:
— Кажется, это задание для супергероя!

I glanced at Ron and whispered, "This seems like a mission for a Superhero!"

Рон улыбнулся и кивнул.
— Как выглядит эта игрушка? — спросил он.

Ron smiled and nodded. "What does the toy look like?" he asked.

— Это моя мягкая игрушка, лев из сериала про супергероев, — объяснил Дэнни. — Он большой и мягкий.

"It's my stuffed toy, the lion, from the superhero TV show," explained Danny.
"It's big and soft."

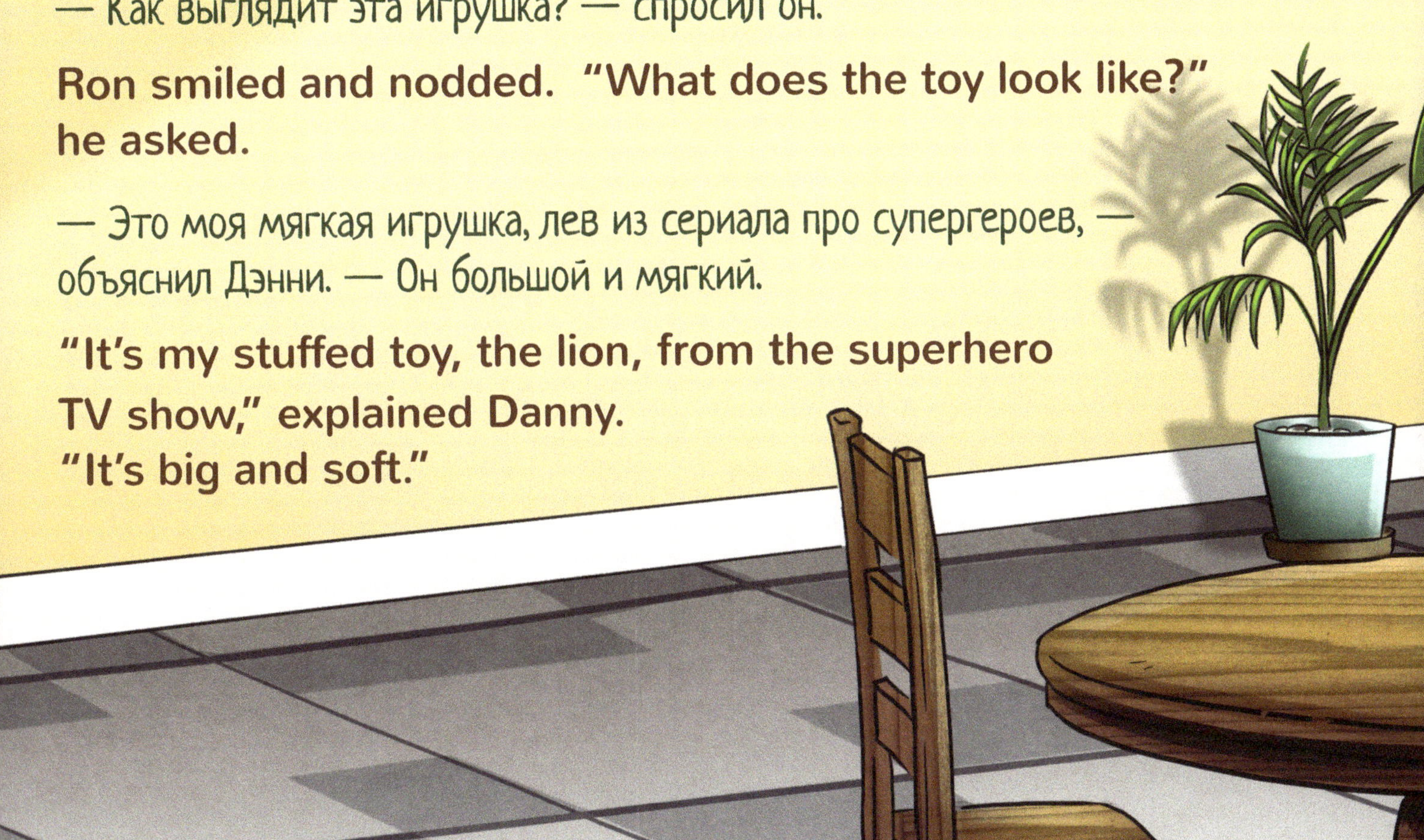

— Не волнуйся. Мы найдем твоего льва, — успокоил его Рон, и мы приступили к нашему первому заданию.

"Don't worry. We will find it," Ron assured him, and we began our first mission.

Мы посмотрели везде — в кладовках, возле шкафов, за столами и под стульями. Игрушки нигде не было.

We looked everywhere—in closets, beside cupboards, behind tables and under chairs. The toy was nowhere to be found.

— Вы вдвоём идите посмотрите во дворе за домом, а я продолжу искать здесь, — предложил Рон.

"You two should go look in the backyard, and I'll keep searching here," Ron suggested.

Как только Дэнни и я вышли во двор, мы услышали голос Рона: — Я нашёл его! Я нашёл его!

Just as Danny and I stepped outside, we heard Ron's voice. "I found it! I found it!"

Мы подбежали к нему и посмотрели на маленький предмет у него в лапке.

We ran to him and looked down at the small object in his hand.

— Это не тот лев, о котором я говорил, — нахмурился Дэнни. — Моя игрушка большая и мягкая, а эта маленькая и деревянная.

"That's not the lion I was talking about," Danny frowned. "My toy is big and soft, but this one is small and wooden."

Рон сначала огорчился, но его разочарование быстро сменилось на твердую решимость.

Ron's face fell at first, but a look of determination quickly replaced the disappointment.

— Не волнуйтесь, — сказал он. — Правило супергероя номер один: никогда не сдавайся!

"No worries," he said. "Superhero rule number one: Never give up!"

— Правило номер два, — добавила я. — Учись на своих ошибках. Мы ищем большую мягкую игрушку.

"Rule number two," I added, "Learn from your mistakes. We are looking for a BIG, SOFT, stuffed toy."

— Мягкую и большую. Понял! — ответил Рон.
"Soft and big. Got it!" Ron replied.

— И правило номер три, — сказала я. — Кто может сделать всё что угодно?
"And rule number three," I said. "Who can do anything?"

— Я супергерой, и я могу сделать всё что угодно! — с энтузиазмом закричал Рон.
"I'm a Superhero and I can do anything!" yelled Ron enthusiastically.

— Мы должны думать как супергерои, — продолжил он. — Если игрушки нет в доме, она должна быть где-то на улице. Не могла же она улететь!

"We have to think like superheroes," he continued. "If the toy is not in the house, it must be somewhere outside. It's not like it can fly away!"

Рон хихикнул и посмотрел на небо, но вдруг замер.

Ron giggled and looked up to the sky, but suddenly froze.

— На что ты смотришь? — спросила я, тоже посмотрев вверх.

"What are you staring at?" I wondered, looking up also.

Рон показал на верхушку большой яблони.

Ron pointed to the top of our big apple tree.

— Это...? — пробормотала я.

"Is that...?" I began to mumble.

— Моя игрушка! Ты нашёл её, Рон! — воскликнул Дэнни.
"My toy! You found it, Ron!" Danny exclaimed.

— Но как мы достанем её с дерева? — добавил он тихо.
"But how will we get it from the tree?" he added quietly.

— Рон легко её достанет, — сказала я. — Он может использовать свои суперсилы: липкие лапки и длинные прыжки.
"Ron can get it easily," I said. "He can use his powers — his sticky hands and super long jumps."

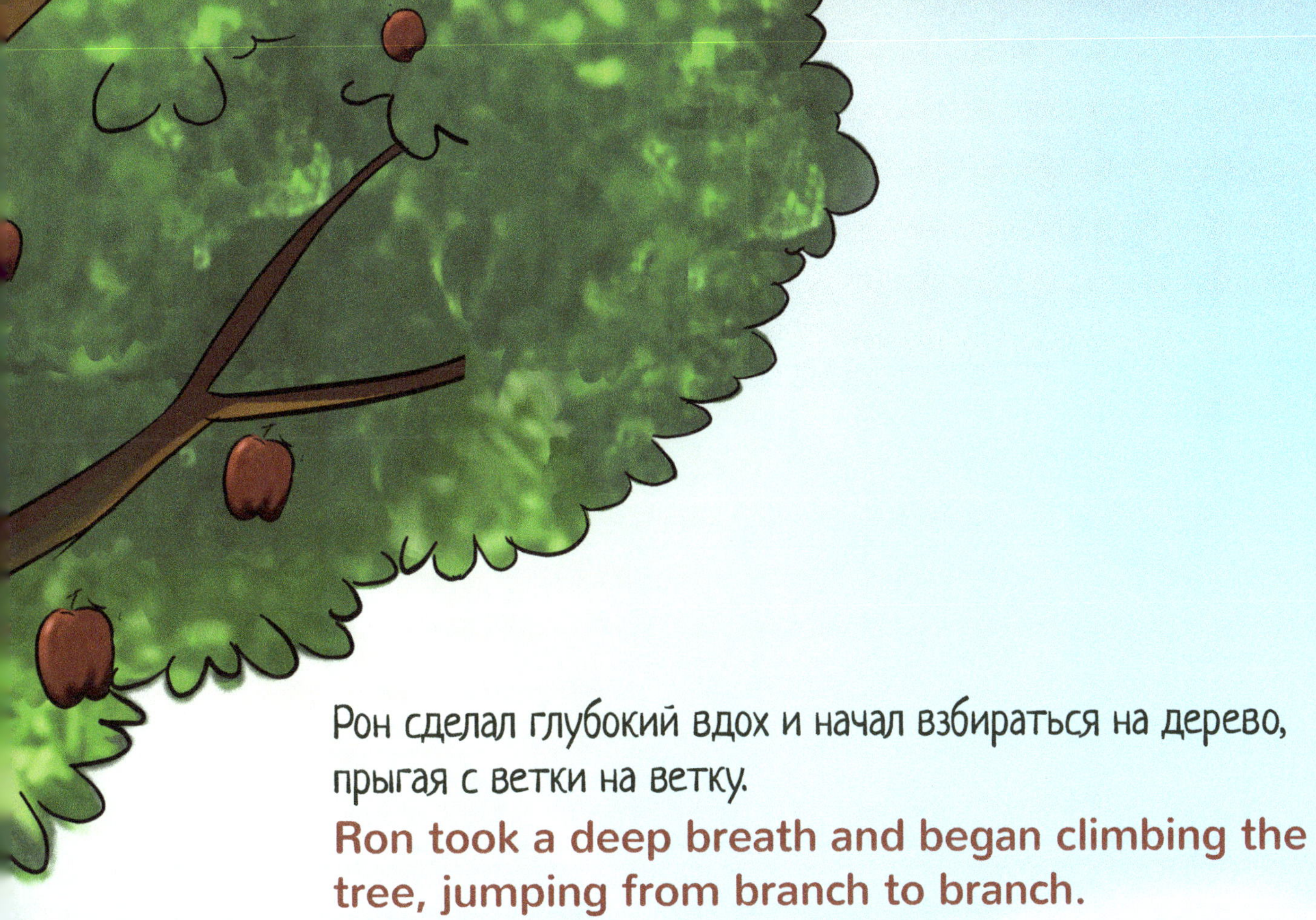

Рон сделал глубокий вдох и начал взбираться на дерево, прыгая с ветки на ветку.

Ron took a deep breath and began climbing the tree, jumping from branch to branch.

Он достал игрушку и очень скоро слез и отдал её моему брату.

He reached the toy and very soon, got down and handed it to my brother.

— Ты мой герой! — засмеялся Дэнни и крепко обнял Рона.

"You're my hero!" Danny laughed and gave Ron a big hug.

— На самом деле, настоящий герой — это Майя, — поправил его Рон. — Она научила меня всему, что я знаю!

"Actually, Maya is the real hero," Ron corrected him. "She taught me everything I know! "

В тот день мы поняли, что даже если мы не супергерои из фильмов, мы умные, сильные и можем сделать всё что угодно!

That day we learned that even if we're not the superheroes from the movies, we're smart and strong and can do anything we want!

И помни: ты тоже супергерой!

And remember, you are a Superhero too!

www.ingramcontent.com/pod-product-compliance
Lightning Source LLC
LaVergne TN
LVHW070301250826
846485LV00011B/63

9781525940071